BEI GRIN MACHT SICH IHR WISSEN BEZAHLT

- Wir veröffentlichen Ihre Hausarbeit,
  Bachelor- und Masterarbeit

- Ihr eigenes eBook und Buch -
  weltweit in allen wichtigen Shops

- Verdienen Sie an jedem Verkauf

Jetzt bei www.GRIN.com hochladen
und kostenlos publizieren

Betriebliches Gesundheitsmanagement. Arbeitsschutz in der Berufsgruppe der Pflegekräfte

Ein Projekt zur Optimierung und Umsetzung

Maria Stahl

Bibliografische Information der Deutschen Nationalbibliothek:

Die Deutsche Nationalbibliothek verzeichnet diese Publikation in der Deutschen Nationalbibliografie; detaillierte bibliografische Daten sind im Internet über http://dnb.d-nb.de abrufbar.

ISBN: 9783346239020
Dieses Buch ist auch als E-Book erhältlich.

Druck und Bindung: Books on Demand GmbH, Norderstedt Germany
Gedruckt auf säurefreiem Papier aus verantwortungsvollen Quellen

Das vorliegende Werk wurde sorgfältig erarbeitet. Dennoch übernehmen Autoren und Verlag für die Richtigkeit von Angaben, Hinweisen, Links und Ratschlägen sowie eventuelle Druckfehler keine Haftung.

Das Buch bei GRIN: https://www.grin.com/document/916717

Deutsche Hochschule für
Prävention und Gesundheitsmanagement
Hermann Neuberger Sportschule 3
66123 Saarbrücken

Einsendeaufgabe

Fachmodul:	Betriebliches Gesundheitsmanagement I
Studiengang:	M.A. Prävention und Gesundheitsmanagement
Datum Präsenzphase:	06.01. – 08.01.2020
Name, Vorname:	Stahl, Maria
Studienort:	**Saarbrücken**
Semester:	**3.**

Inhaltsverzeichnis

1 Belastungen in der Pflege-Residenz

1.1 Mögliche Belastungsfaktoren für die Berufsgruppe der Pflegekräfte

1.1.1 Belastungsfaktor: Heben und Tragen schwerer Lasten

Schwere körperliche Belastungen wie das Heben und Tragen schwerer Lasten wodurch ebenfalls eine Zwangshaltung eingenommen werden kann, prägt den Arbeitsalltag vieler Pflegekräfte. Innerhalb dieser Berufsgruppe treten daher vermehrt Erkranken des Muskel-Skelette-Systems auf (Schmucker, 2019, S. 55).

1.1.2 Belastungsfaktor: hohe Arbeitsintensität

Bedingt durch die hohe Arbeitsintensität, arbeitet die Berufsgruppe der Pflegekräfte sehr häufig unter Zeitdruck. Da zu viel Arbeit zu erledigen ist, werden teilweise Erholungspausen ausgelassen, Erhöhung der Arbeitszeiten und des Arbeitstempo veranlasst, sowie die Qualität der Leistungen reduziert. Dies belastet die psychische der Mitarbeiter, wodurch das Risiko für emotionale Erschöpfung und Depressionen steigt (Schmucker, 2019, S. 52-53).

1.1.3 Belastungsfaktor: emotionale Belastung

Pflegekräfte werden in ihrem Arbeitsalltag mit schwer erkranken und alten Menschen konfrontiert, wodurch die Themen Leid und Sterben sehr präsent sind. Die Pflegekräfte müssen ihre Emotionen daher gut kontrollieren können. Dies belastet ebenfalls die psychische der Mitarbeiter, wodurch das Risiko für emotionale Erschöpfung und Stress steigt (Schmucker, 2019, S. 54).

1.2 Belastungen als Herausforderung oder Überbeanspruchung

Ob eine Belastung, als eine gesund erhaltende Herausforderung oder als krankmachende Überbeanspruchung betrachtet und bewertet wird, hängt von den persönlichen Ressourcen eines Menschen ab.

Das Belastungs- und Beanspruchungskonzept von Rohmert und Rutenfranz (1975) geht davon aus, dass Belastungen, also alle Einflüsse, die von außen auf den Menschen zukommen, wie zum Beispiel die Arbeitsaufgabe und -umgebung, zunächst neutral betrachtet werden und weder positiv noch negativ sind. Die individuellen Ressourcen eines Menschen, wie zum Beispiel die Fähig- und Fertigkeit, Interessen und der allgemeine Gesundheitszustand, spielen eine große Rolle auf die Auswirkung der Belastungen, wodurch die Beanspruchung entsteht. Das heißt, dass dieselbe Belastung zu unterschiedlicher Beanspruchung führen kann (Rohmert & Rutenfranz, 1975, S. 8).

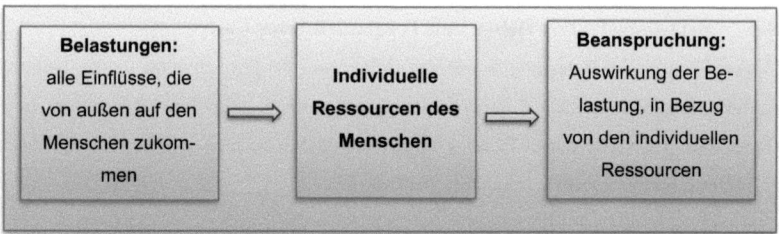

Abb. 1: Belastungs-Beanspruchungs-Konzept (modifiziert nach Rohmert & Rutenfranz, 1975).

1.2.1 Hohe Arbeitsintensität – Herausforderung oder Überbeanspruchung?

Die hohe Arbeitsintensität für die Pflegekräfte innerhalb der stationären Pflege ist mit einem hohen Maß an Eigenverantwortung verbunden. Ob dies jedoch für eine Pflegekraft als Herausforderung oder Überbeanspruchung wahrgenommen wird, hängt von den vorhanden Ressourcen der jeweiligen Person ab. Hier spielt vor allem das Stressempfinden und der Umgang damit, sowie der allgemeine Gesundheitszustand eine große Rolle. Denn für die eine Person kann eine hohe Arbeitsintensität und die damit verbundene Verantwortung, positiv, motivierend und ein Beweis der Anerkennung sein. Dies wäre dann eine gesund erhaltende Herausforderung. Wohingegen dieselbe Belastung für eine andere Person negativ, demotivierend und ein Stressfaktor sein kann. Dies wäre dann eine krankmachende Überbeanspruchung.

1.2.2 Hohe körperliche Aktivität - Herausforderung oder Überbeanspruchung?

Die hohe körperliche Aktivität spielt für Pflegekräfte eine große Rolle im Berufsalltag. Auch hier hängt die Beanspruchung von den individuell vorhandenen Ressourcen ab. Eine Pflegekraft mit einem schlechten allgemeinen Gesundheitszustand wird das Heben und Tragen schwerer Lasten und die viele Bewegung im Arbeitsalltag eher als eine krankmachende Überbeanspruchung wahrnehmen. Jedoch kann genau dieselbe Belastung für eine Pflegekraft mit einem guten allgemeinen Gesundheitszustand als eine Heerausforderung wahrgenommen werden, denn ein Bewegungsmangel entsteht bei dieser Tätigkeit nicht.

2 Handlungsansätze und Formulierung der Zielsetzung

2.1 Mögliche Handlungsansätze

Nachfolgend werden drei Handlungsansätze für das BGM dargestellt. Hierbei werden die Handlungsansätze priorisiert.

2.1.1 Handlungsansatz 1: Optimierung / Umsetzung des Arbeitsschutzes

Aufgrund der Tatsache, dass jeder Arbeitgeber nach dem Arbeitsschutzgesetz § 5 eine Beurteilung der Arbeitsbedingungen durchführen muss, steht der Handlungsansatz „Optimierung / Umsetzung des Arbeitsschutzes" an erster Stelle.

Eine vollständige Gefährdungsbeurteilung liegt nach § 5 des Arbeitsschutzgesetztes vor, wenn folgende Punkte überprüft und beurteilt wurden:

1. die Gestaltung und die Einrichtung der Arbeitsstätte und des Arbeitsplatzes,

2. physikalische, chemische und biologische Einwirkungen,

3. die Gestaltung, die Auswahl und den Einsatz von Arbeitsmitteln, insbesondere von Arbeitsstoffen, Maschinen, Geräten und Anlagen sowie den Umgang damit,

4. die Gestaltung von Arbeits- und Fertigungsverfahren, Arbeitsabläufen und Arbeitszeit und deren Zusammenwirken,

5. unzureichende Qualifikation und Unterweisung der Beschäftigten,

6. psychische Belastungen bei der Arbeit.

Dem Unternehmen liegt lediglich eine unvollständige Gefährdungsbeurteilung vor, denn der Bereich Psyche ist nicht vorhanden.

2.1.2 Handlungsansatz 2: Ergonomische Arbeitsplätze schaffen

Bedingt durch den überdurchschnittlich hohen Krankenstand innerhalb der Pflege-Residenz, ergibt sich der zweite Handlungsansatz „ergonomische Arbeitsplätze schaffen".

Arbeitsbedingte Muskel-Skelette-Krankheiten stellen vor allem bei Pflegekräften erhebliche Gesundheitsprobleme dar (Schmucker, 2019, S. 55).

Betrachtet man die Aufgaben der Pflegekräfte der Pflege-Residenz, zu denen unter anderen, die Körperpflege der Bewohner, die Hilfe bei der Nahrungsmittelaufnahme, kleine medizinische Tätigkeiten und die Betreuung von Schwerstkranken und Sterbenden gehören, wird deutlich, dass die Arbeitsbelastung der Pflegekräfte sehr hoch ist. Durch eine ergonomische Optimierung notwendiger Arbeitsschritte können vorhandene Belastungen reduziert werden (Bock, 2020).

2.1.3 Handlungsansatz 3: Attraktivität des Unternehmens steigern

Pflegekräfte klagen häufig über unregelmäßige Arbeitszeiten, einhergehend mit Zeit- und Leistungsdruck (Schmucker, 2019, S. 54). Dies ist ebenfalls der Fall innerhalb der Pflege-Residenz. Ebenso teilen die Mitarbeiter mit, dass sie mit der Pflegedienstleitung nicht zufrieden sind. Daher zielt der dritte Handlungsansatz auf die Steigerung der Attraktivität des Unternehmens ab. Hierdurch sollen nicht nur die vorhandenen Mitarbeiter entlastet, sondern ebenfalls die Attraktivität für neue Bewerber gesteigert werden.

2.2 Zielkonzept für das BGM-Projekt

2.2.1 Zielkonzept für den ersten Handlungsansatz

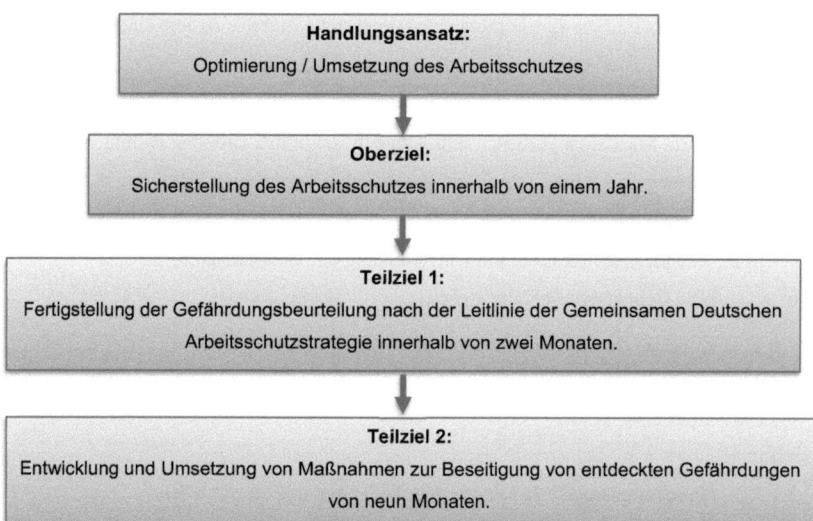

Abb. 2: Zielkonzept für den ersten Handlungsansatz (eigene Darstellung).

Durch den ersten Handlungsansatz „Optimierung / Umsetzung des Arbeitsschutzes", mit der höchsten Priorität, soll der Arbeitsschutz sichergestellt werden. Dies dient zu Ermittlung der physischen und psychischen Gefährdungen am Arbeitsplatz. Mittels dieser gewonnen Ergebnisse sollen Maßnahmen zur Beseitigung von entdeckten Gefährdungen entwickelt und umgesetzt werden. Dieser Handlungsansatz soll dem Unternehmen dazu verhelfen, physische und psychische Belastungen einzuschränken oder idealerweise zu beseitigen.

2.2.2 Zielkonzept für den zweiten Handlungsansatz

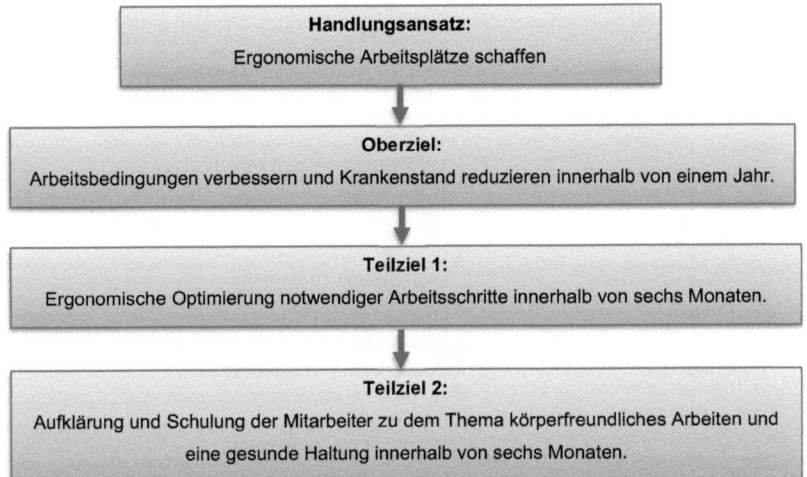

Abb. 3: Zielkonzept für den zweiten Handlungsansatz (eigene Darstellung).

Der Handlungsansatz „ergonomische Arbeitsplätze schaffen" soll dazu dienen, die Arbeitsbedingungen zu verbessern und somit den hohen Krankenstand innerhalb des Unternehmens zu reduzieren. Innerhalb des Handlungsansatzes soll eine ergonomische Optimierung von notwenigen Arbeitsschritten stattfinden, um die entstehenden Belastungen während der täglichen beruflichen Tätigkeiten zu reduziert. Ebenfalls soll den Mitarbeitern durch verschiedene Schulungen und Seminare die Wichtigkeit von körperfreundlichen Arbeiten nahegelegt und erklärt werden, um das Bewusstsein für eine gesunde Körperhaltung und Ausgleichsübungen zu sensibilisieren.

2.2.3 Zielkonzept für den dritten Handlungsansatz

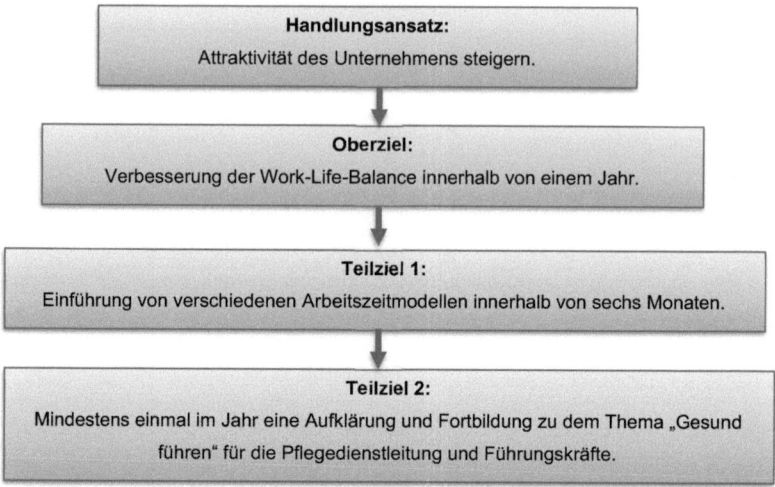

Abb. 4: Zielkonzept für den dritten Handlungsansatz (eigene Darstellung).

Der Handlungsansatz „Attraktivität des Unternehmens steigern" soll die Work-Life-Ba-
lance der Mitarbeiter verbessern. Innerhalb von diesem Handlungsansatz soll zum einen
eine Einführung von verschiedenen Arbeitszeitmodellen dazu dienen, dass die unregel-
mäßigen Arbeitszeiten der Pflegekräfte, sowie der Zeitdruck und Stresssituationen reduziert werden. Zum anderen sollen die Führungskräfte und die Pflegedienstleitung zu dem
Thema „Gesund führen", innerhalb von Fortbildungen aufgeklärt und geschult werden,
um gesundheitsförderlichen Verhaltensweisen zu stärken und somit die Arbeitszufrieden-
heit und Motivation der Mitarbeiter zu fördern und psychische Belastungen zu reduzieren.

3   Konzeption und Planung des BGM-Projekts

3.1   Sechs Schritte für das BGM-Projekt

Die nachfolgende Tabelle 1 veranschaulicht die 6-Phasen des Modells der DHfPG für einen ganzheitlichen BGM-Prozess und die nächsten sechs logischen Schritte für das BGM-Konzept in der Pflege-Residenz.

Tab. 1:   6-Phasen-Modell und Schritte für das BGM-Konzept (eigene Darstellung).

6-Phasen-Modell der DHfPG	Sechs Schritte für das BGM-Konzept der Pflege-Residenz
1. Bedarfsbestimmung	1. Gründung Arbeitskreis Gesundheit
	2. Bedarfsbestimmung und Zieldefinition
	3. Projektplanung
2. Analyse	4. Analyse des Ist-Zustandes (Arbeitsplatz und Tätigkeitsanalyse)
3. Interventionsplanung	5. Zielführende Maßnahmen planen
4. Interventionen (Maßnahmen)	6. Durchführung der Maßnahmen
5. Evaluation	-----------------
6. Nachhaltigkeit	-----------------

Der erste Schritt des BGM-Konzeptes für die Pflege-Residenz besteht darin, dass ein Arbeitskreis Gesundheit gegründet werden soll. Dies findet innerhalb der Phase der Bedarfsbestimmung statt. Der Arbeitskreis besteht unter anderem aus der Geschäftsführung Personalleitung, Abteilungsleitung, Sicherheitsfachkraft und Betriebsarzt. Ziel dieser Zusammensetzung soll sein, dass die betrieblichen Bedingungen, welche einen Einfluss auf die Gesundheit der Mitarbeiter haben, analysiert werden, um anschließend Maßnahmen ableiten zu können (BGV, 2006, S. 1).

Anschließend soll im zweiten Schritt die Bedarfsbestimmung und Zieldefinition stattfinden, um einen Überblick zu bekommen und eine Grundlage zum weitern Arbeiten zu schaffen.

Der dritte Schritt innerhalb der Phase „Bedarfsbestimmung", ist die Projektplanung. Hier wird der zeitliche Ablauf und die benötigten Ressourcen für das Projekt festgelegt, um den Einstieg in ein strukturiertes BGM zu erleichtern (Bahr, Kellerhoff & Wertz, 2018,

S. 144). Alle drei zuvor beschriebenen Schritte, finden innerhalb der Bedarfsbestimmung, des 6-Phasen-Modells der DHfPG statt.

Der vierte Schritt „Analyse des Ist-Zustandes (Arbeitsplatz und Tätigkeitsanalyse)" findet innerhalb der Analyse, des 6-Phasen-Modells der DHfPG statt und hat das Ziel, die spezifischen Belastungen und gesundheitliche Risiken innerhalb der Pflege-Residenz festzustellen. Der notwendige Handlungsbedarf soll mithilfe einer Gefährdungsbeurteilung, der Analyse des Krankenstandes und Mitarbeiterbefragungen bestimmt werden (Bahr, Kellerhoff & Wertz, 2018, S. 144).

Der nächste und somit fünfte Schritt stellt die Planung von zielführenden Maßnahmen dar und findet innerhalb der dritten Phase „Interventionsplanung" des 6-Phasen-Modells der DHfPG statt. Der Arbeitskreis Gesundheit soll nun die zuvor analysierten Daten bewertet und anhand dieser passende verhaltens- und verhältnispräventive Maßnahmen herausarbeiten. Der zuvor erstellte Projektplan wird anschließend an die herausgearbeiteten und priorisierten Maßnahmen angepasst (Bahr, Kellerhoff & Wertz, 2018, S. 144).

Der letzte Schritt „Durchführung der Maßnahmen" findet innerhalb der vierten Phase „Interventionen (Maßnahmen)", des 6-Phasen-Modells der DHfPG statt. Ziel dieses Schrittes ist es, die zuvor festgelegten Ziele und somit das individuelle Gesundheitsverhalten der Mitarbeiter positiv zu beeinflussen. Mithilfe der Gefährdungsbeurteilung, ergonomischen Arbeitsplätzen, der Einführung von verschieden Arbeitszeitmodellen und themenspezifischen Fortbildungen, soll dies erreicht werden.

3.2 Drei zentrale Erfolgsfaktoren

3.2.1 BGM als Führungsaufgabe

Zur Erfolgreichen Implementierung eines betrieblichen Gesundheitsmanagements müssen die Führungskräfte vollständig mit involviert werden und aktiv an der Umsetzung mitarbeiten. Führungskräfte wirken als Vorbildfunktion und haben somit eine bedeutsame Wichtigkeit für das Unternehmen. Eine Führungskraft mit einer ausgeprägten Gesundheitskompetenz wirkt sich positiv auf die Gesundheit der Mitarbeiter, deren Wohlbefinden, Zufriedenheit und Produktivität aus (Rebensburg & Hamburg, 2009, S. 19).

Die Führungskräfte sollen aktiv im Arbeitskreis Gesundheit mit arbeiten und regelmäßig themenspezifische Fortbildungen, unter anderem zu dem Thema „Gesund Führen", erhalten.

3.2.2 Partizipation

Unter der Partizipation wird das Einbeziehen der gesamten Belegschaft verstanden (ENFBG, 2014). Dies ist ein zentraler Erfolgsfaktor für die Durchführung des BGM-Projektes, denn nur dann, wenn alle Beschäftigten der Pflege-Residenz in das gesamte Vorhaben mit einbezogen werden, können diese ein Verständnis für die Wichtigkeit entwickeln und individuelle Belastungen kund geben. Ebenso erhöht dies die individuelle vertiefte Informationsverarbeitung und somit auch die Gesundheitskompetenz der Mitarbeiter (Uhle & Treier, 2011, S. 259). Die Mitarbeiter dürfen an dem Arbeitskreis Gesundheit teilnehmen und sollen themenspezifische Schulungen unter anderem zu dem Thema körperfreundliches Arbeiten und eine gesunde Haltung erhalten. Ebenfalls sollen Mitarbeiterbefragungen durchgeführt werden, in denen die Pflegekräfte zu verschiedenen relevanten Themen befragt werden. Die Mitarbeiter sollen aktiv an dem Prozess dran teilnehmen.

3.2.3 Ganzheitlichkeit

Um eine Ganzheitlichkeit innerhalb eines betriebliches Gesundheitsmanagement entwickeln zu können, müssen sowohl verhaltes- als auch verhältnispräventive Maßnahmen in das Projekt mit einbezogen werden. Hierdurch soll vor allem eine Risikoreduktion sowie ein Ausbau der Schutzfaktoren und Gesundheitspotenzialen erzielt werden (ENFBG, 2014). Das BGM-Projekt der Pflege-Residenz zielt auf eine ganzheitliche Arbeits- und Organisationsentwicklung ab und möchte mit den Schulungen für die Führungskräfte und Mitarbeiter, der Einführung von verschiedenen Arbeitszeitmodellen sowie der Schaffung von ergonomischen Arbeitsplätzen das Arbeitsverhalten und die Arbeitsverhältnisse verbessern und an die Bedürfnisse der Mitarbeiter anpassen.

4 Entwicklung eines Fragebogens

4.1 Formulierung der Items

Im nachfolgenden wird der Fragebogen zur Erfassung spezifischer Belastungsfaktoren bei den Pflegekräften in der Pflege-Residenz dargestellt.

Fragen zu Ihrer Person:

1. Zu welcher Altersgruppe zählen Sie?	
	□ bis 19 Jahre
	□ 20-29 Jahre
	□ 30-39Jahre
	□ 40-49 Jahre
	□ 50-59 Jahre
	□ 60+

2. Welchem Geschlecht gehören Sie an?	
	□ männlich
	□ weiblich
	□ divers

Fragen zu den physischen Belastungen:

3. Bitte schätzen Sie die Arbeitsbelastungen Ihrer derzeitig ausgeübten beruflichen Tätigkeit ein; kreuzen Sie hierzu die entsprechenden Felder an. Wichtig ist dabei ausschließlich Ihr persönliches Empfinden!						
Bitte überlegen Sie, ob folgende Merkmale oder Belastungsfaktoren an Ihrem Arbeitsplatz vorkommen!	Wie häufig oder wie stark trifft dieses Merkmal oder der Faktor auf Ihre Arbeit zu?				Fühlen Sie sich selbst dadurch körperlich oder geistig belastet oder beansprucht?	
	Oft	Mittel	Selten	Nie	Ja	Nein
1. schwere körperliche Arbeit						
2. ungünstige Körperhaltung						
3. Stehen						
4. Sitzen						
5. Bewegungsmangel						
6. Halten schwerer Lasten						
7. Tragen schwerer Lasten						
8. Heben schwerer Lasten						
9. Ziehen /Schieben schwerer Lasten						
10. Gehen						
11. Über-Kopf-Arbeit						
12. Zwangshaltung						

4. Wie beurteilen Sie im Allgemeinen Ihren Gesundheitszustand?	□ sehr gut □ gut □ zufriedenstellend □ weniger gut □ schlecht

5. Wie lange waren Sie in den letzten 12 Monaten krankgeschrieben?	□ gar nicht □ weniger als 1 Woche □ 1 bis 2 Wochen □ 3 bis 4 Wochen □ mehr als 4 Wochen □ weiß ich nicht mehr genau

6. Wenn Sie Rücken- oder Gelenkschmerzen haben, markieren Sie bitte bei der Figur die Stellen, an denen Sie Schmerzen haben. Die Positionen bezeichnen folgendes:

02 Hals / Nacken

03 Schulter

04 Ellenbogen

05 Hand

06 Finger

07, 08, 09 Rücken

10 Hüfte

11 Knie

12 Fuß

7. Die folgenden Fragen betreffen Ihren Arbeitsplatz.

Bitte kreuzen Sie die zutreffende Antwort an.

	Ja, genau	Eher ja	Eher nein	Nein, gar nicht
1) Ist Ihr Arbeitsplatz angemessen gegen störende Umgebungsfaktoren wie Lärm, ständige Signal- und Hinweistöne, ungünstige Lichtverhältnisse, unkomfortables Raumklima oder unangenehme Gerüche abgeschirmt?				
2) Ist an Ihrem Arbeitsplatz die Arbeitssicherheit gewährleistet, beispielsweise bei Tätigkeiten mit Gefahrstoffen, mit Infektionsgefährdungen oder mit Unfallrisiken?				
3) Empfinden Sie Ihren Arbeitsplatz als angemessen ergonomisch gestaltet?				
4) Stehen Ihnen für Ihre Aufgaben geeignete Materialien und Arbeitsmittel, z. B. technische Ausstattung oder bereitgestellte Software, zur Verfügung?				

Fragen zur Arbeitsorganisation:

8. Leisten Sie Schichtarbeit? (Sie können mehrere Antworten ankreuzen)	☐ nein ☐ ja, zweischichtig ☐ ja, dreischichtig ☐ ja, rhythmisch ☐ ja, unrhythmisch
9. Wie oft leisten Sie Überstunden?	☐ regelmäßig ☐ gelegentlich ☐ nie
10. Ist nach Ihrer Meinung Ihre Abteilung/ Arbeitsgruppe/Schicht ausreichend besetzt?	☐ in der Regel ja ☐ nein, gelegentlich nicht ☐ nein, häufig nicht ☐ nein, fast nie ☐ bei Krankheitsfällen gibt es keine ausreichende Stellvertretung ☐ in Urlaubszeiten gibt es keine ausreichende Stellvertretung
11. Wie wurden Sie an Ihrem Arbeitsplatz eingewiesen?	☐ gut ☐ zufriedenstellend ☐ schlecht ☐ überhaupt nicht

12. Nun einige Fragen zu Regelungen und Abläufen bei Ihrer Arbeit.

	In sehr hohem Maß	Hohem Maß	Zum Teil	In geringem Maß	In sehr geringem Maß
1) Werden Sie rechtzeitig im Voraus über Veränderungen an Ihrem Arbeitsplatz informiert, z.B. über wichtige Entscheidungen, Veränderungen oder Pläne für die Zukunft?					
2) Erhalten Sie alle Informationen, die Sie brauchen, um Ihre Arbeit gut zu erledigen?					
3) Gibt es klare Ziele für Ihre Arbeit?					
4) Wissen Sie genau, welche Dinge in Ihren Verantwortungsbereich fallen?					
5) Wissen Sie genau, was von Ihnen bei der Arbeit erwartet wird?					
6) Werden bei Ihrer Arbeit widersprüchliche Anforderungen gestellt?					
7) Müssen Sie manchmal Dinge tun, die eigentlich auf andere Weise getan werden sollten?					
8) Müssen Sie manchmal Dinge tun, die Ihnen unnötig erscheinen?					

13. Was schlagen Sie zur Verbesserung Ihrer gesundheitlichen Situation am Arbeitsplatz vor? (Sie können mehrere Antworten ankreuzen)

- ☐ technische Verbesserungen/Hilfen
  Welche? (bitte nennen)
  _____

- ☐ andere Arbeitsplatzgestaltung
- ☐ andere Arbeitszeitgestaltung
- ☐ andere Arbeitsorganisation
- ☐ andere Arbeitsmaterialien
- ☐ andere Pausenregelung
- ☐ mehr Informationen über den Arbeitsablauf
- ☐ klärende Gespräche mit den Vorgesetzten
- ☐ mehr Einsatz der Vorgesetzten für die Mitarbeiter
- ☐ Maßnahmen zur Verbesserung des Betriebsklimas

	☐ besseren Nichtraucherschutz	
	☐ mehr Hygiene in den sanitären Anlagen	
	☐ Gesundheitskurse für Mitarbeiter	
	☐ Informationen über gesundes Verhalten am Arbeitsplatz (z.B. rückengerechtes Heben)	
	☐ weiß ich nicht	
	☐ Verbesserungen sind nicht nötig	
	☐ Sonstiges (bitte nennen)	
	_____	

Fragen zu sozialen Beziehungen/soziale Unterstützung:

14. Bitte schätzen Sie ein, in welchem Maß Ihre unmittelbare Vorgesetzte/Ihr unmittelbarer Vorgesetzter ...

	In sehr hohem Maß	Hohem Maß	Zum Teil	In geringem Maß	In sehr geringem Maß	Habe keine/n Vorgesetzte/n
1) ... für gute Entwicklungsmöglichkeiten der Mitarbeiter/innen sorgt?						
2) ... der Arbeitszufriedenheit einen hohen Stellenwert beimisst?						
3) ... die Arbeit gut plant?						
4) ... Konflikte gut löst?						

15. Die folgenden Fragen betreffen Ihr Verhältnis zu Ihren Kollegen/innen und zu Ihrem/Ihrer Vorgesetzten.

	Im-mer	Oft	Manch-mal	Selten	Nie / fast nie	Habe keine/n Vorge-setzte/n / Kolle-gen/ in-nen
1) Wie oft erhalten Sie bei Bedarf Hilfe und Unterstützung von Ihren Kollegen/innen?						
2) Wie oft sind Ihre Kollegen/innen bei Bedarf bereit, sich Ihre Arbeitsprobleme anzuhören?						
3) Wie oft erhalten Sie bei Bedarf Hilfe und Unterstützung von Ihrem/Ihrer unmittelbaren Vorgesetzten?						
4) Wie oft ist Ihr/e unmittelbare/r Vorgesetzte/r bei Bedarf bereit, sich Ihre Arbeitsprobleme anzuhören?						
5) Wie oft spricht Ihr/e Vorgesetzte/r mit Ihnen über die Qualität Ihrer Arbeit?						
6) Wie oft sprechen Ihre Kollegen/innen mit Ihnen über die Qualität Ihrer Arbeit?						
7) Können Sie sich mit Kollegen/innen unterhalten, während Sie arbeiten?						
8) Ist die Atmosphäre zwischen Ihnen und Ihren Arbeitskollegen/innen gut?						
9) Ist die Zusammenarbeit zwischen den Arbeitskollegen/innen gut?						
10) Wie oft fühlen Sie sich durch Kollegen/innen oder Vorgesetzte zu Unrecht kritisiert, schikaniert oder vor anderen bloßgestellt?						

4.2 Begründung des inhaltlichen Aufbaus des Fragebogens

Der zuvor dargestellte Fragebogen dient zur Erfassung spezifischer Belastungsfaktoren bei den Pflegekräften. Innerhalb des Fragebogens werden die Bereiche physische Belastungen, Arbeitsorganisation und soziale Beziehungen/soziale Unterstützung, sowie personenbezogene Daten abgefragt.

Die ersten zwei Fragen, decken den Bereich, der personenbezogenen Daten ab, um anhand der Altersgruppe und des Geschaltes genauere Maßnahmen im Anschluss definieren zu können.

Die Fragen drei bis sieben beziehen sich auf die physischen Belastungen und Beschwerden bei den Pflegekräften. Diese Informationen sind für weitere Maßnahmen von besonderer Bedeutung, denn physische Belastungen und der damit verbundene hohe Krankenstand ist bei Pflegekräften sehr verbreitet und stellt damit ein wichtigen Punkt innerhalb des betrieblichen Gesundheitsmanagements dar.

Die Fragen zur Arbeitsorganisation, welche in den Fragen acht bis 13 abgefragt werden, dienen zur Ableitung von Maßnahmen zu den Arbeitszeitmodellen und den Arbeitsabläufen. Die Arbeitszeiten und Arbeitsabläufe haben ebenfalls einen hohen Handlungsbedarf bei Pflegekräften und soll daher innerhalb des betrieblichen Gesundheitsmanagements analysiert und optimiert werden.

Die letzten zwei Fragen 14 und 15 beziehen sich auf die sozialen Beziehungen und Unterstützungen innerhalb der Tätigkeit bei den Pflegekräften. Hier wird zum einen die soziale Beziehung und Unterstützungen zu den Kollegen und zum anderen zu den Vorgesetzten erfragt, um herauszufinden, wo genau ein Handlungsbedarf besteht, denn eine gute soziale Beziehung und Unterstützung von den Kollegen und Pflegekräften wirkt sich positiv auf das psychische Wohlbefinden der Mitarbeiter aus.

Die Fragen eins und zwei sind norminalskaliert und stammen aus keinen der vier nachfolgen Fragebögen. Die restlichen Fragen aus dem Fragebogen wurde aus vier standardisierten Fragebögen erstellt.

Item drei stammt aus dem ordinalskalierten Fragebogen nach FEBA-B Fragebogen nach Slesina (2010) und dient zur subjektiven Einschätzung der Belastungen am Arbeitsplatz. Die Items vier, fünf, sechs, acht, neun, zehn, elf und dreizehn wurden aus dem WIdo-Fragebogen (Zock, 2010, S. 116ff.) entnommen. Der Fragekatalog beinhaltet 112 Fragen und dient zur Ermittlung der gesundheitlichen Situation der Mitarbeiter sowie der Arbeitsorganisation und Arbeitsumgebung.

Das Item sieben stammt aus dem BGW-Fragebogen zur Erhebung psychischer Belastung am Arbeitsplatz oder im Arbeitsbereich aus dem Handlungsfeld Arbeitsumgebung (4) (BGW, 2017, S. 4).

Die Fragen B6, B7 und B8 aus dem COPSOQ Fragebogen sind innerhalb des Fragebogens in den Items zwölf, vierzehn und fünfzehn wiederzufinden (COPSOQ, 2020, S. 5-6). Die Fragen sind ordinalskaliert und Fragen nach der sozialen Beziehung und Unterstützung zu den Kollegen und Vorgesetzten sowie Regelungen und Abläufe bei der Arbeit. Der Fragebogen dient zur Erfassung psychischer Belastungen und Beschwerden.

5 Literaturverzeichnis

Bahr, N., Kellerhoff, S., & Wertz, A. (2018). Die Rolle des Fachkompetenzaufbaus bei der Implementierung einer strukturierten Betrieblichen Gesundheitsförderung. In Pfannstiel, M. A., & Mehlich, H. (Hrsg.) (2018). *BGM–Ein Erfolgsfaktor für Unternehmen.* (S.137-162). Springer Fachmedien Wiesbaden.

Behörde für Gesundheit und Verbraucherschutz (BGV) (2006). *Arbeitskreis Gesundheit und Gesundheitszirkel.* Hamburg: Amt für Arbeitsschutz.

Berufsgenossenschaft für Gesundheitsdienst und Wohlfahrtspflege (BGW) (2017). Letzter Zugriff am 02.02.2020. Verfügbar unter https://www.bgw-online.de/Shared-Docs/Downloads/DE/Medientypen/BGW%20Broschueren/BGW08-00-042_Psychi-sche-Gesundheit-BGW_Fragebogen_Download.pdf?__blob=publicationFile Fragebogen zur Erhebung psychischer Belastung am Arbeitsplatz oder im Arbeitsbereich

Bock, T. (2020). Ergonomie in der Pflege – Probleme und Tipps. Letzter Zugriff am 24.01.2020. Verfügbar unter https://www.ergonomie-am-arbeitsplatz-24.de/pflege/

Europäisches Netzwerk für betriebliche Gesundheitsförderung (ENFBG). (2014): Luxemburger Deklaration zur betrieblichen Gesundheitsförderung. Letzter Zugriff am 02.02.2020. Verfügbar unter https://www.bkk-dachverband.de/gesundheit/gesund-heitsfoerderung-selbsthilfe/betriebliche-gesundheitsfoerderung-bgf/luxemburger-de-klaration.html

Freiburger Forschungsstelle für Arbeitswissenschaften (FFAW). (201). Mitarbeiterbefra-gung zu psychosozialen Faktoren am Arbeitsplatz. Deutsche Standard-Version des COPSOQ (Copenhagen Psychosocial Questionnaire) Letzter Zugriff am 06.02.2020. Verfügbar unter https://www.copsoq.de/assets/Uploads/COPSOQ-Fragebogen-mit-Skalenzuordnung-060717-download.pdf

Rebensburg, A., & Hamburg, H. (2009). Erfolgsfaktor Gesundheit: Leitfaden und Praxis-beispiele. Handelskammer Hamburg.

Rohmert, W. & Rutenfranz, J. (1975). Arbeitswissenschaftliche Beurteilung der Belas-tung und Beanspruchung an unterschiedlichen industriellen Arbeitsplätzen. Bonn: Bundesminister für Arbeit und Sozialordnung, Referat Öffentlichkeitsarbeit.

Schmucker, R. (2019), Arbeitsbedingungen in Pflegeberufen. In Jacobs, K., Kuhlmey, A., Greß, S., Klauber, J., & Schwinger, A. (Hrsg.) (2019). *Pflege-Report 2019: Mehr Personal in der Langzeitpflege-aber woher?* (S.49 – 59). Springer, Berlin, Heidelberg.

Slesina W: FEBA: Fragebogen zur subjektiven Einschätzung der Belastungen am Arbeitsplatz. In: ASER-Institut (2009). Letzter Zugriff am 06.02.2020. Verfügbar unter http://www.rueckenkompass.de/download_files/doc/Fragen-Slesina.pdf

Uhle, T., & Treier, M. (2011). Betriebliches Gesundheitsmanagement. Berlin, Heidelberg: Springer Berlin Heidelberg.

Wissenschaftliches Institut der AOK (WIdO). (2010). Mitarbeiterbefragungen. Letzter Zugriff am 06.02.2020. Verfügbar unter http://wido.de/fileadmin/Dateien/Dokumente/Publikationen_Produkte/WIdO-Reihe/wido_reihe_ges_beschwerden_arbeitsplatz_2010.pdf

6 Abbildungs- und Tabellenverzeichnis

6.1 Abbildungsverzeichnis

6.2 Tabellenverzeichnis